L'alevin et l'hippocampe

Camilla de la Bédoyère

Texte français de Claudine Azoulay

Les mots en caractères **gras** sont expliqués dans le glossaire de la page 22.

Catalogage avant publication de Bibliothèque et Archives Canada

De la Bédoyère, Camilla
L'alevin et l'hippocampe / Camilla de la Bédoyère ;
texte français de Claudine Azoulay.

(Cycle de vie)
Traduction de: Fry to sea horse.
ISBN 978-1-4431-1608-4

1. Hippocampes--Cycles biologiques--Ouvrages pour la jeunesse.
I. Azoulay, Claudine II. Titre. III. Collection: Cycle de vie (Toronto, Ont.)

QL638.S9D4414 2012   j597'.6798   C2011-905550-3

Édition publiée par les Éditions Scholastic,
604, rue King Ouest, Toronto (Ontario) M5V 1E1.

5 4 3 2 1   Imprimé en Chine CP141   12 13 14 15 16

Auteure : Camilla de la Bédoyère
Conceptrice graphique et recherchiste d'images : Melissa Alaverdy

Table des matières

Qu'est-ce qu'un hippocampe?

Un hippocampe est une espèce de poisson. Il a des **écailles**, une queue et des **nageoires**.

Les poissons vivent sous l'eau. Leurs **branchies** leur permettent de respirer sous l'eau.

Les hippocampes vivent dans la mer. Ils ne ressemblent pas à la plupart des poissons.

nageoire

bouche

⇨ **La bouche d'un hippocampe est longue et fine.**

4

Les hippocampes ont une longue queue et de toutes petites nageoires. Certains hippocampes ont des couleurs vives et un corps épineux.

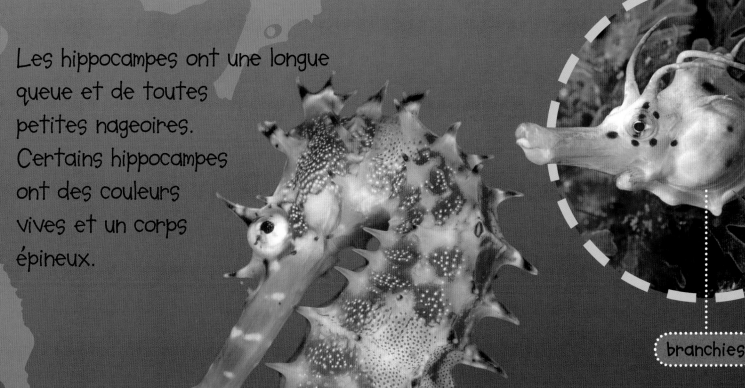

branchies

⇧ **Les hippocampes respirent par des branchies présentes de chaque côté de leur tête.**

⇨ **Les hippocampes mesurent de 10 à 20 centimètres de long.**

épines

queue

L'histoire d'un hippocampe

Un bébé hippocampe s'appelle un **alevin**. La vie d'un alevin commence dans un oeuf pondu par la mère. On appelle les alevins nouveau-nés des **alevins vésiculés**.

Les hippocampes femelles pondent les œufs et les hippocampes mâles s'en occupent.

2

alevin

⇧ L'alevin ressemble à ses parents.

1

œuf

⇦ Les œufs d'un hippocampe sont très petits.

3

adulte

Le développement
d'un tout petit œuf
qui devient un alevin,
puis un hippocampe
adulte, s'appelle le
cycle de vie.

⇨ **Quand un hippocampe
a fini de grandir, on dit
qu'il est adulte.**

Place à la danse!

Les hippocampes mâles et femelles se rencontrent pour **s'accoupler**. Avant de s'accoupler, les hippocampes effectuent une danse l'un pour l'autre.

mâle

Leur danse d'accouplement s'appelle la **parade nuptiale**. Les hippocampes enroulent leur queue l'un autour de l'autre et nagent ensemble.

⇨ **Pour s'accoupler, les hippocampes mâles choisissent les femelles les plus grosses.**

8

femelle

Les parades
nuptiales peuvent
avoir lieu pendant
plusieurs jours,
jusqu'à ce que la
femelle soit prête
à pondre ses
œufs.

Une nouvelle vie

L'hippocampe mâle a une poche spéciale sur le ventre. Après la danse, cette poche grossit.

poche

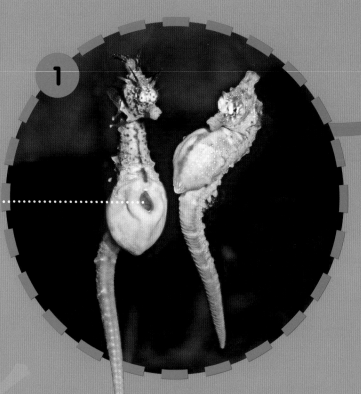

L'hippocampe femelle dépose ses œufs dans la poche du mâle. Le mâle ferme la poche et la scelle pour empêcher les œufs de sortir. Ensuite, le mâle **féconde** les œufs à l'intérieur de la poche.

⇧ **La femelle dépose ses œufs avec précaution dans la poche du mâle.**

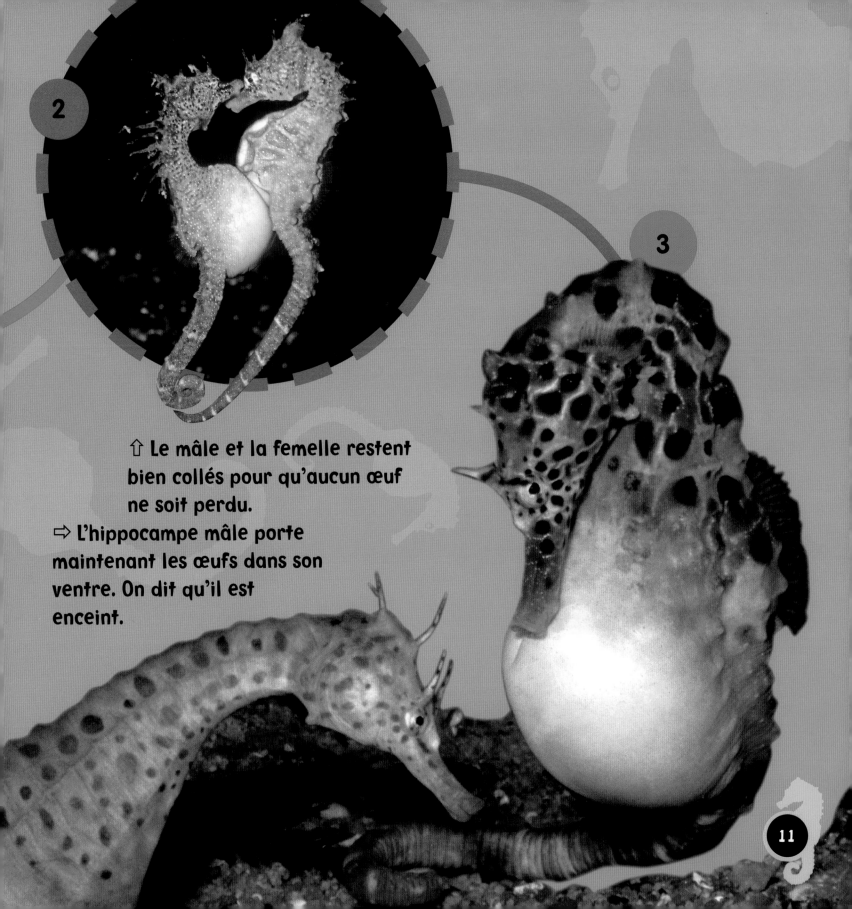

2

3

⇧ Le mâle et la femelle restent bien collés pour qu'aucun œuf ne soit perdu.

⇨ L'hippocampe mâle porte maintenant les œufs dans son ventre. On dit qu'il est enceint.

S'occuper des œufs

L'hippocampe mâle porte les oeufs fécondés dans sa poche jusqu'à six semaines. Il s'en occupe attentivement pendant qu'ils grossissent.

Chaque œuf contient de la nourriture pour l'alevin qui grandit à l'intérieur. Certains alevins puisent aussi de la nourriture dans le corps de leur père.

⇨ **Les poches de ces deux mâles sont remplies de tout petits alevins.**

Les alevins sont bientôt prêts à quitter la poche. Dès leur naissance, ils s'éloignent de leur père.

⇨ **Certains alevins ne restent que deux semaines dans la poche.**

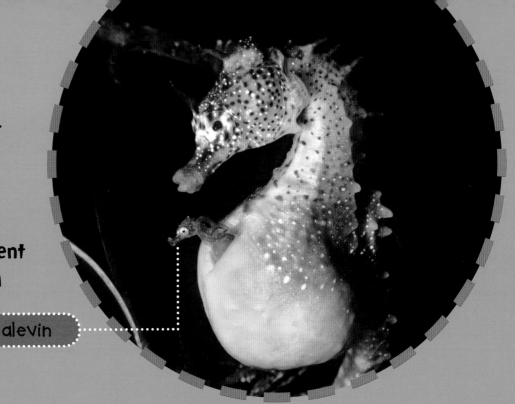

alevin

⇦ **Le mâle fait sortir les alevins rapidement de sa poche.**

Les étapes suivantes

Certains hippocampes ne donnent naissance qu'à cinq alevins à la fois. D'autres peuvent en avoir des centaines.

Les alevins sont trop petits pour bien nager. Ils enroulent leur queue autour de plantes ou de **coraux**. Il arrive parfois aue les alevins soient emportés par le courant.

⇧ **Les alevins nouveau-nés aspirent de minuscules fragments de nourriture par leur bouche.**

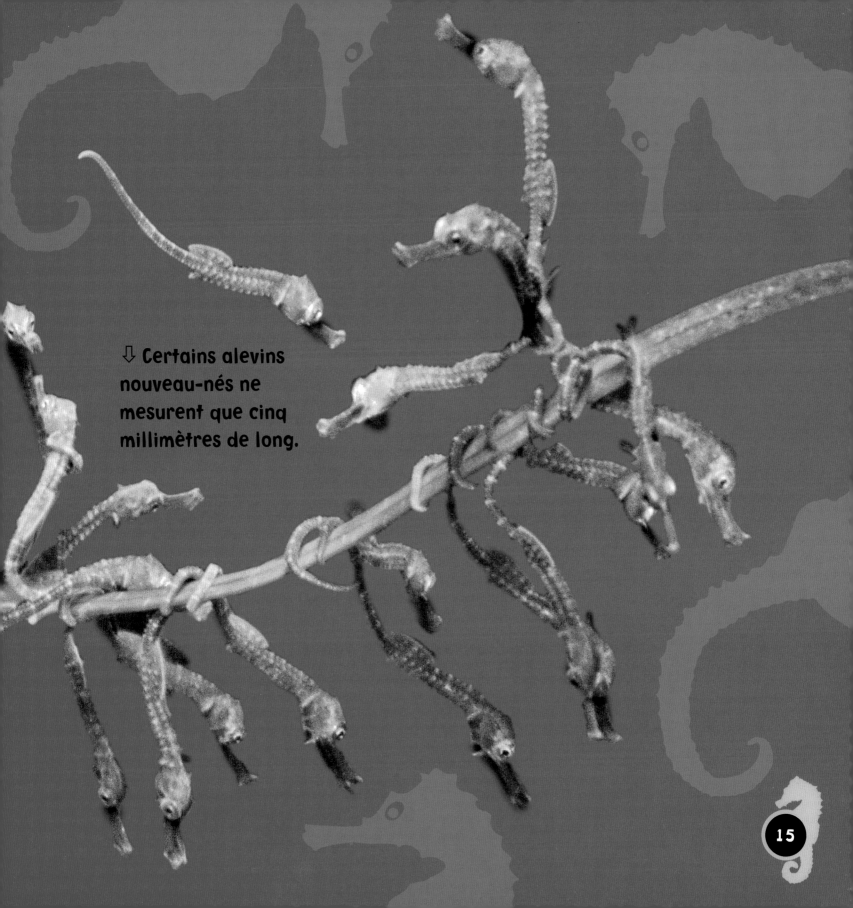

⇩ Certains alevins
nouveau-nés ne
mesurent que cinq
millimètres de long.

Grandir

À la naissance, les alevins vésiculés sont minuscules. Ils grossissent en vieillissant.

Les alevins doivent se débrouiller tout seuls. Leurs parents ne s'en occupent pas. Ils doivent trouver de la nourriture et se cacher à cause des poissons qui veulent les manger.

⇨ **Cet alevin sera adulte quand il aura cinq mois environ.**

Les alevins mangent des petits animaux marins, comme les artémias qui sont des crustacés.

Une fois adultes, les hippocampes se cherchent des partenaires. Et le cycle de vie recommence.

⇐ Voici un hippocampe de Barbour. Il sera adulte quand il aura neuf mois.

La vie des hippocampes

Les hippocampes ne sont pas de bons nageurs. Ils enroulent leur queue autour des plantes afin que le courant ne les emporte pas.

La plupart des hippocampes ont des couleurs, des motifs ou des épines qui les aident à se cacher. C'est ce qu'on appelle le **camouflage**. Comme d'autres animaux marins veulent les manger, c'est une bonne stratégie!

⇧ **La plupart des hippocampes vivent dans les eaux chaudes et peu profondes.**

18

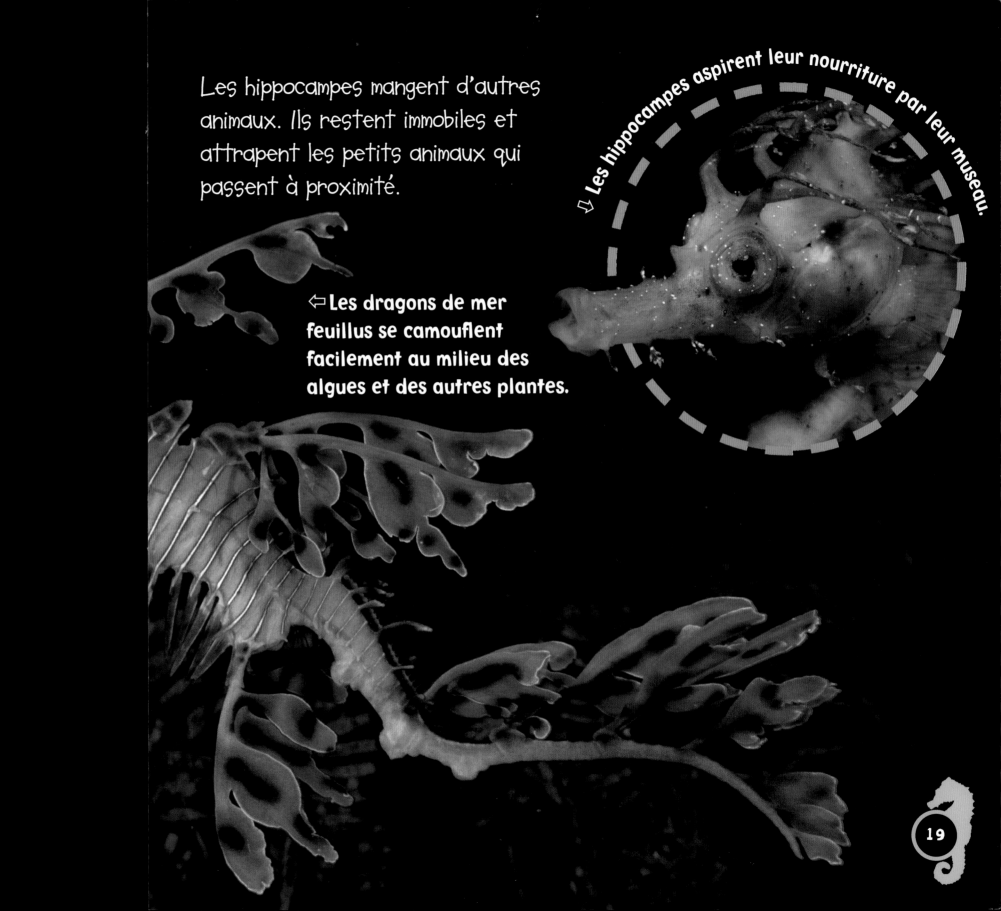

Les hippocampes mangent d'autres animaux. Ils restent immobiles et attrapent les petits animaux qui passent à proximité.

⇦ **Les dragons de mer feuillus se camouflent facilement au milieu des algues et des autres plantes.**

↷ Les hippocampes aspirent leur nourriture par leur museau.

19

Sauver les hippocampes

Les hippocampes sont des animaux étonnants. Les gens aiment les observer.

Dans le passé, on capturait beaucoup d'hippocampes pour les exposer dans des aquariums.

Il existe plus de 30 sortes d'hippocampes et la plupart sont très rares.

⇦ Le meilleur endroit pour observer les hippocampes, c'est dans la nature.

Beaucoup de gens essaient de sauver les hippocampes.

➪ Les hippocampes risquent de disparaître si on continue de les capturer.

⇦ Voici un hippocampe à long nez. Comme d'autres hippocampes, il est rare.

Glossaire

Alevin
Bébé poisson.

Alevin vésiculé
Alevin nouveau-né.

Aquarium
Endroit où l'on garde des poissons.

Branchies
Partie du corps du poisson qui lui permet de respirer.

Camouflage
Couleurs et motifs qui permettent à un animal de passer inaperçu.

Coraux
Structures pierreuses produites par de tout petits animaux marins.

Cycle de vie
Période durant laquelle un être vivant se transforme de la naissance à la mort et produit des petits.

Écailles
Petits bouts de peau durs qui recouvrent le corps d'un poisson.

Féconder
Quand un mâle féconde l'œuf d'une femelle, celui-ci peut devenir un nouvel être vivant.

Nageoires
Partie du corps du poisson qui lui permet de nager.

Parade nuptiale
Danse qu'un mâle et une femelle effectuent quand ils ont l'intention de s'accoupler.

S'accoupler
Quand un mâle féconde les œufs d'une femelle, on dit que les animaux s'accouplent.

Index

Notes aux parents et aux enseignants

Feuilletez le livre et parlez des illustrations. Lisez les légendes et posez des questions sur les éléments qui apparaissent sur les photos et qui ne sont pas mentionnés dans le texte.

À l'aide d'Internet* ou de livres, découvrez l'immense variété de formes, de couleurs et de tailles des poissons vivant dans les océans et les mers de la planète. Utilisez différents matériaux pour réaliser un grand collage illustrant les poissons les plus colorés que vous trouvez.

Imaginez des activités de jeu de rôle. Encouragez l'enfant à faire semblant d'être un parent animal, comme un père manchot ou hippocampe, ou bien une poule ou une chienne. Expliquez-lui comment s'occuper des petits, les nourrir et les protéger.

Aidez l'enfant à comprendre le cycle de la vie en lui parlant de sa famille. Dessiner des arbres généalogiques simples, regarder des albums de photos de famille et partager des histoires familiales avec les grands-parents sont des moyens amusants de susciter l'intérêt des jeunes enfants.

Préparez-vous à répondre à des questions sur le cycle de vie humain. Beaucoup de livres sur ce sujet offrent des explications conçues pour les jeunes enfants. Discutez de la manière dont les parents humains se préparent à l'arrivée d'un bébé, et de la façon dont les familles se partagent les tâches pour s'occuper d'un nouveau-né.

*La maison d'édition décline toute responsabilité quant aux informations, aux liens ou à tout autre contenu des sites Internet.